Dinosaurios por diseño

LOS DINOSAURIOS CARNÍVOROS DE DOS PATAS

CLASIFICACIÓN POR VELOCIDAD, FUERZA E INTELIGENCIA

MARK WEAKLAND

BLACK
RABBIT
BOOKS

Bolt es una publicación de Black Rabbit Books
P.O. Box 3263, Mankato, Minnesota, 56002.
www.blackrabbitbooks.com
Copyright © 2020 Black Rabbit Books

Jennifer Basel, editora;
Catherine Cates, diseñador del interior;
Grant Gould, diseñador del exterior;
Omay Ayres, investigación fotográfica
Traducción de Travod, www.travod.com

Información del Catálogo de publicaciones de la Biblioteca del Congreso
Names: Weakland, Mark, author.
Title: Los dinosaurios carn ívoros de dos patas : clasificación por velocidad, fuerza e inteligencia / por Mark Weakland.
Other titles: Two-legged, meat-eating dinosaurs. Spanish
Description: Mankato, Minnesota : Black Rabbit Books, [2020] | Series: Bolt. Dinosaurios por diseño | Audience: Age 8-12. | Audience: Grade 4 to 6. | Includes bibliographical references and index.
Identifiers: LCCN 2018053581 (print) | LCCN 2018056531 (ebook) | ISBN 9781623102234 (ebook) | ISBN 9781623102098 (library binding)
Subjects: LCSH: Dinosaurs--Juvenile literature. | Carnivorous animals--Juvenile literature.
Classification: LCC QE861.5 (ebook) | LCC QE861.5 .W354418 2020 (print) | DDC 567.912--dc23
LC record available at https://lccn.loc.gov/2018053581

Impreso en los Estados Unidos de América

Créditos de las imágenes

Alamy: Mohamad Haghani, 12; Stock-trek Images, Inc., 10–11, 20; Universal Images Group North America LLC / DeAgostini, 22–23; iStock: Warpaintcobra, 24–25 (dino); jameskuether.com: James Kuether, 4–5, 15; Science Source: Kurt Miller/Stocktrek Images, 18–19; Science Picture Co, Cover (dino); Shutterstock: 90miles, 14, 22 (huellas); Arcady, 28; DM7, 1, 6 (c dino); Herschel Hoffmeyer, 3, 6 (c y p fondo), 24 (fondo), 27, 31; Orla, 7; Pokpak Stock, 32; Quick Shot, Cover (fondo); Robert Adrian Hillman, 8–9; Warpaint, 6 (p garras), 16, 17; Zoart Studio, 29

Se ha hecho todo esfuerzo posible para establecer contacto con los titulares de los derechos de autor del material reproducido en este libro. Cualquier omisión será rectificada en impresiones posteriores previo aviso a la editorial.

CONTENIDO

CAPÍTULO 1

PODEROSOS

depredadores

Un dinosaurio joven revuelve entre los helechos. Un hambriento carnívoro corre justo detrás de él. Hay un chillido y luego un crujido. Ahora el carnívoro tiene su cena.

Los dinosaurios carnívoros eran **depredadores** poderosos. Podían romper huesos gruesos con sus fuertes mandíbulas. Algunos eran enormes. Algunos eran pequeños. Sus cerebros grandes los hicieron más inteligentes que los dinosaurios herbívoros, que tenían cerebros pequeños.

PODEROSOS CARACTERÍSTICAS

mandíbulas fuertes y dientes grandes

garras afiladas

Rápidos y hambrientos

Las grandes patas traseras de los carnívoros les ayudaban a atrapar a las **presas**. Usaban garras y dientes afilados para arrancar la **carne** de los huesos. Los herbívoros seguramente les temían.

patas traseras musculosas

LUGARES DONDE SE HAN ENCONTRADO **FÓSILES DE** DINOSAURIOS CARNÍVOROS

FRANCIA
Compsognathus

OESTE DE AMÉRICA DEL NORTE
Tiranosaurio rex

PORTUGAL
Compsognathus

UTAH
Utahrráptor

MARRUECOS
Espinosaurio

ARGENTINA
Carnotauro
Giganotosaurio

8

ALEMANIA
Compsognathus

MONGOLIA
Velocirráptor

EGIPTO
Espinosaurio

CAPÍTULO 2

Comparemos a los

DINOSAURIOS

Carnotauro

El nombre de este dinosaurio significa "toro carnívoro". El nombre le encaja. Es conocido por sus dos cuernos. Además, este animal era rápido. Sus fuertes patas le ayudaban a alcanzar altas velocidades. Algunos científicos piensan que aceleraba hasta 35 millas (56 kilómetros) por hora.

DATOS DESTACADOS

LONGITUD **23 a 30 PIES** (7 a 9 METROS)

PESO alrededor de **4.480 LIBRAS** (2.032 KILOGRAMOS)

MÁXIMA VELOCIDAD hasta **35 MILLAS** (56 KM) por hora

El Espinosaurio sabía nadar bien.
Probablemente pasara la mayor parte
de su vida en el agua.

Espinosaurio

El Espinosaurio es famoso por su vela gigante. Pero esa vela causa problemas a los científicos. No pueden entender cómo caminaba este dinosaurio.

Su enorme cabeza y mandíbulas eran largas como las de un cocodrilo. Fácilmente podría engullir peces más grandes que los tiburones tigre.

DATOS DESTACADOS

PESO
hasta
16.000
libras
(7.257 kg)

LONGITUD
alrededor de
52 pies
(16 m)

MÁXIMA VELOCIDAD
hasta
15 millas
(24 km)
por hora

Giganotosaurio

El Giganotosaurio era un devorador de **carne** enorme. También puede haber sido **ágil**. Tenía una cola delgada y puntiaguda. La cola puede haber ayudado al dinosaurio a mantener **equilibrio** al hacer giros rápidos mientras corría.

DATOS DESTACADOS

PESO
alrededor de
18.000
libras
(8.165 kg)

LONGITUD
alrededor de
45 pies
(14 m)

MÁXIMA VELOCIDAD
hasta
31 millas
(50 km)
por hora

TIRANOSAURIOS VS. RAPTORES

Los científicos dividen a los carnívoros en grupos. Dos de los grupos más famosos son los Tiranosaurios y los Raptores. Cada grupo tiene características diferentes.

RAPTORES

cola rígida

manos grandes

plumas

garra grande en cada pie

TIRANOSAURIOS

dientes largos
y afilados

piel gruesa
y escamosa

patas
traseras
fuertes

antebrazos
muy
pequeños

17

Utahrráptor

El Utahrráptor fue uno de los raptores
más grandes. También era muy peligroso.
Su boca estaba llena de dientes filosos. Las
garras de sus patas tenían aproximadamente
9 pulgadas (23 centímetros) de largo.
Los herbívoros que se movían lentamente
no tenían ninguna posibilidad contra este
asesino.

DATOS DESTACADOS

PESO	LONGITUD	MÁXIMA VELOCIDAD
hasta **1.000** libras (454 kg)	**18 a 23** pies (5 a 7 m)	hasta **20 millas** (32 km) por hora

Velocirráptor

Velocirráptor significa "ladrón veloz". Era rápido. Probablemente también estaba cubierto de plumas. Pero este dinosaurio no solo era rápido y esponjoso. También era mortal. Como otros raptores, tenía una garra grande y afilada en cada pata. La garra era perfecta para apuñalar y cortar presas.

DATOS DESTACADOS

LONGITUD **6 a 7 PIES** (2 M)

PESO hasta **33 LIBRAS** (15 KG)

MÁXIMA VELOCIDAD hasta **40 MILLAS** (64 KM) por hora

Compsognathus

Este dinosaurio perseguía a su presa a través de las lagunas de lo que ahora es Europa. Tenía piernas y patas largas y delgadas. Usaba esas características para moverse rápidamente y atrapar a la presa. Pero este dinosaurio no era ningún gigante. Tenía solo unos 2 pies (0,6 m) de altura.

DATOS DESTACADOS

LONGITUD
2 a 3 pies
(1 m)

PESO
6 a 9 libras
(3 a 4 kg)

MÁXIMA VELOCIDAD
hasta
40 millas
(64 km)
por hora

Tiranosaurio rex

El Tiranosaurio rex es posiblemente el más famoso de todos los dinosaurios. Este gigante era una pesadilla viviente para los tranquilos herbívoros. Se movía rápidamente sobre poderosas patas. Sus mandíbulas podían aplastar huesos. Y sus dientes curvos tenían hasta 12 pulgadas (30 cm) de largo.

DATOS DESTACADOS

PESO
hasta
18.000
libras
(8.165 kg)

LONGITUD
alrededor de
40 pies
(12 m)

MÁXIMA VELOCIDAD
11 a 25
millas
(18 a 40 km)
por hora

carnívoros

Corrían en dos patas. Tenían garras como cuchillas y dientes como cuchillos. Eran inteligentes y rápidos. Durante millones de años, los carnívoros dominaron el mundo de los dinosaurios. Eran los depredadores más temibles que jamás hubieran caminado sobre la Tierra.

¡COMPÁRALOS!

Clasifica los dinosaurios de este libro. Luego ve a buscar información sobre otros dinosaurios carnívoros. ¿Cómo se comparan?

Carnotauro

Compsognathus 2 a 3 pies (1 m)

Giganotosaurio

Espinosaurio

Tiranosaurio rex

Utahrráptor 18 a 23 pies (5 a 7 m)

Velocirráptor 6 a 7 pies (2 m)

PIES 0 10 20

PESO

Giganotosaurio

alrededor de 18.000 libras (8.165 kg)

Tiranosaurio rex

alrededor de 18.000 libras (8.165 kg)

Espinosaurio

alrededor de 16.000 libras (7.257 kg)

Carnotauro

alrededor de 4.480 libras (2.032 kg)

LONGITUD

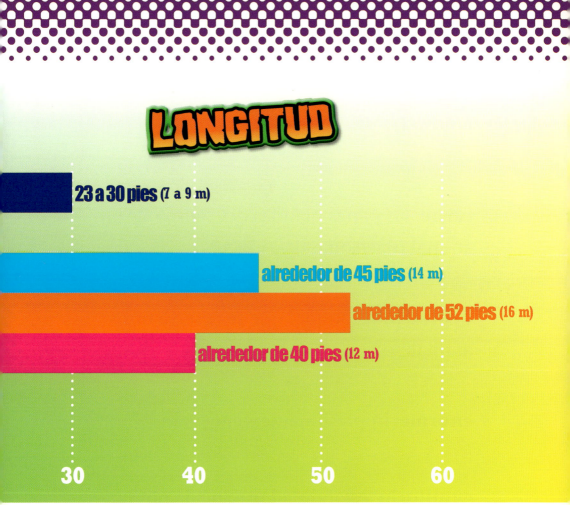

23 a 30 pies (7 a 9 m)

alrededor de 45 pies (14 m)

alrededor de 52 pies (16 m)

alrededor de 40 pies (12 m)

30   40   50   60

MÁXIMA VELOCIDAD

CARNOTAURO
hasta **35** millas (56 km)
por hora

VELOCIRRÁPTOR
hasta **40** millas (64 km)
por hora

GIGANOTOSAURIO
hasta **31** millas (50 km)
por hora

COMPSOGNATHUS
hasta **40** millas (64 km)
por hora

ágil: que se puede mover rápida y fácilmente

carne: las partes blandas del cuerpo de un animal o persona

depredador: animal que se come a otros animales

enorme: impresionantemente grande

equilibrio: estabilidad producida por una distribución uniforme del peso

fósil: los restos o rastros de plantas y animales que se conservan en forma de roca

laguna: un estanque poco profundo cerca de un cuerpo de agua más grande

musculoso: con músculos grandes y fuertes

presa: animal al que lo cazan o matan para comerlo

ÍNDICE

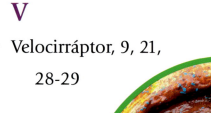